AF205377

Impressum
Verlag: BABADADA GmbH, Nedderfeld 112 , 22529 Hamburg
Geschäftsführer / Verlagsleitung: Harald Hof
Druck: Books on Demand GmbH, In de Tarpen 42, 22848 Norderstedt

Imprint
Publisher: BABADADA GmbH, Nedderfeld 112 , 22529 Hamburg, Germany
Managing Director / Publishing direction: Harald Hof
Print: Books on Demand GmbH, In de Tarpen 42, 22848 Norderstedt, Germany

school

اسکول

klaslokaal
کمرہ جماعت
delen
تقسیم کریں
186/2
bord
بورڈ
schoolplein
سکول کا صحن
leraar
اُستاد
papier
کاغذ
schrijven
لکھنا
pen
قلم
bureau
میز
lineaal
پیمانہ
boek
کتاب
leerling
شاگرد

schooltas

بستہ

etui

پینسل کیس

potlood

پینسل

puntenslijper

پینسل شارپنر

gum

ربڑ

schetsblok

ڈرائنگ پیڈ

2 school - اسکول

tekening

ڈرائنگ

penseel

پینٹ برش

verfdoos

پینٹ باکس

schaar

قینچی

lijm

گوند

schrift

مشق کی کاپی

huiswerk

ہوم ورک

getal

ہندسہ

optellen

جمع کریں

aftrekken

منفی کریں

vermenigvuldigen

ضرب دیں

rekenen

شمارکریں

letter

خط

alfabet

حروف تہجی

woord

لفظ

tekst
متن

lezen
پڑھنا

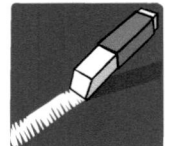

krijt
چاک

les
سبق

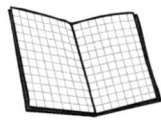

klassenboek
اندراج

examen
امتحان

diploma
سند

schooluniform
سکول یونیفارم

opleiding
تعلیم

encyclopedie
انسائیکلوپیڈیا

universiteit
یونیورسٹی

microscoop
خورد بین

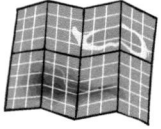

kaart
نقشہ

prullenmand
ویسٹ پیپر باسکٹ

hotel
ہوٹل
hostel
ہاسٹل
wisselkantoor
رقم تبدیل کرانے کیلئے دفتر
koffer
سوٹ کیس
auto
کار

taal
زبان

ja / nee
ہاں / نہیں

oké
ٹھیک ہے

Hallo!
ہیلو

tolk
مُترجم

Bedankt.
شُکریہ

Wat kost ...?

--- کی کیا قیمت ہے؟

Ik begrijp het niet.

میں نہیں سمجھتا

probleem

مشکل

Goedenavond!

شام بخیر!

Goedemorgen!

صبح بخیر!

Goedenacht!

شب بخیر!

Tot ziens!

الوداع

richting

سمت

bagage

سفری سامان

tas

بیگ

rugzak

بیگ پیک

gast

مہمان

kamer

کمرہ

slaapzak

سلیپنگ بیگ

tent

ٹینٹ

VVV-kantoor

سیاحوں کے لئے معلومات

strand

ساحل

creditkaart

کریڈٹ کارڈ

ontbijt

ناشتہ

lunch

لنچ

diner

ڈنر

kaartje

ٹکٹ

lift

لفٹ

postzegel

مُہر

grens

سرحد

douane

کسٹمز

ambassade

سفارت خانہ

visum

ویزا

paspoort

پاسپورٹ

transport
نقل وحمل

vliegtuig
ہوائی جہاز
schip
سمندری جہاز
brandweerwagen
آگ بُجھانے والی گاڑی
bus
بس
vrachtauto
ٹرک
motorboot
موٹربوٹ
fiets
سائیکل
auto
کار

veerboot

فیری

boot

کشتی

motorfiets

موٹرسائیکل

politiewagen

پولیس کار

raceauto

ریسنگ کار

huurauto

کرایہ پرکار

carsharing

کار کا اشتراک کرنا

takelwagen

کھینچنے والا ٹرک

vuilniswagen

کوڑے والا ٹرک

motor

کار

benzine

ایندھن

benzinepomp

پٹرول اسٹیشن

verkeersbord

ٹریفک کے نشانات

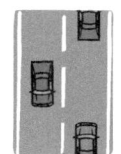

verkeer

ٹریفک

file

ٹریفک جام

parkeerplaats

کار پارک

station

ٹرین اسٹیشن

rails

پٹڑیاں

trein

ٹرین

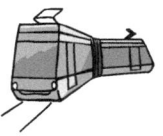

tram

ٹرام

wagon

ویگن

helikopter

ہیلی کاپٹر

luchthaven

ائرپورٹ

toren

ٹاور

passagier

مسافر

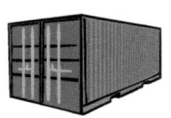

container

کنٹینر

verhuisdoos

ڈبہ

kar

ریڑھا

mand

ٹوکری

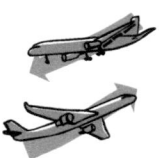

opstijgen / landen

اُڑان بھرنا / زمین پراُترنا

stad

شہر

dorp

گاؤں

stadscentrum

سٹی سنٹر

huis

مکان

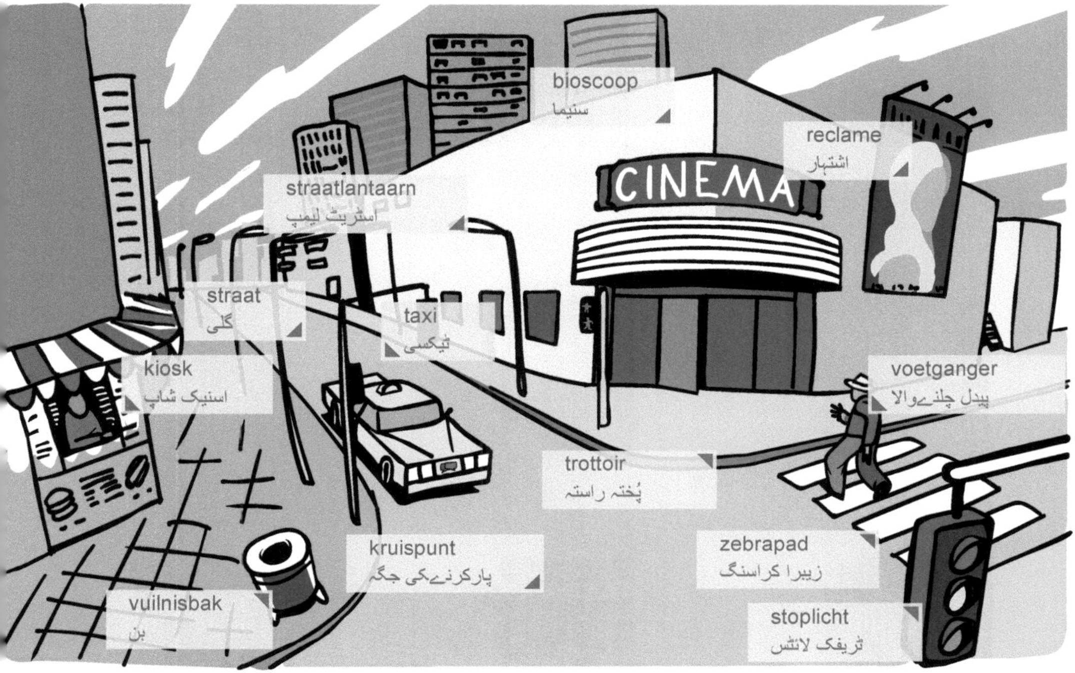

bioscoop
سنیما
reclame
اشتہار
straatlantaarn
اسٹریٹ لیمپ
straat
گلی
taxi
ٹیکسی
kiosk
اسنیک شاپ
voetganger
پیدل چلنے والا
trottoir
پُختہ راستہ
kruispunt
پارکرنے کی جگہ
zebrapad
زیبرا کراسنگ
vuilnisbak
بن
stoplicht
ٹریفک لائٹس

hut
ہٹ

appartement
فلیٹ

station
ٹرین اسٹیشن

stadhuis
ٹاؤن ہال

museum
عجائب گھر

school
اسکول

universiteit

یونیورسٹی

bank

بینک

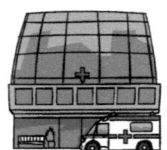

ziekenhuis

ہسپتال

hotel

ہوٹل

apotheek

فارمیسی

kantoor

دفتر

boekenwinkel

کتابوں کی دکان

winkel

دکان

bloemenwinkel

پھولوں کی دُکان

supermarkt

سُپرمارکیٹ

markt

مارکیٹ

warenhuis

ڈیپارٹمنٹ سٹور

visboer

مچھلی کی دُکان

winkelcentrum

شاپنگ سنٹر

haven

بندرگاہ

park

پارک

bank

بنچ

brug

پُل

trap

سیڑھیاں

metro

انڈرگراؤنڈ

tunnel

سُرنگ

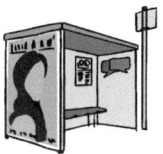

bushalte

بس اسٹاپ

bar

شراب خانہ

restaurant

ریسٹورنٹ

brievenbus

پوسٹ باکس

straatnaambord

اسٹریٹ سائن

parkeermeter

پارکنگ میٹر

dierentuin

چڑیا گھر

zwembad

سوئمنگ پول

moskee

مسجد

boerderij

کھیت

vervuiling

آلودگی

begraafplaats

قبرستان

kerk

چرچ

speelplaats

کھیل کا میدان

tempel

مندر

landschap

منظر

blad
پتہ
wegwijzer
رہنمائی کے لئے لگا ہوا بورڈ
weg
راستہ
weide
سبزہ زار
steen
پتھر
boom
درخت
wandelaar
پیدل چلنے والا، ہائکر
rivier
دریا
gras
گھاس
bloem
پھول

vallei

وادی

berg

پہاڑی

meer

جھیل

bos

جنگل

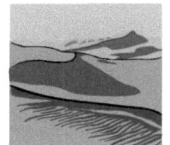

woestijn

صحرا

vulkaan

آتش فشاں

kasteel

قلعہ

regenboog

قوس قزح

paddenstoel

کھمبی

palmboom

کجھور کا درخت

mug

مچھر

vlieg

مکھی

mier

چیونٹی

bij

مکھی

spin

مکڑا

kever

بھونرا

kikker

مینڈک

eekhoorn

گلہری

egel

خارپُشت

haas

خرگوش

uil

اُلو

vogel

پرندہ

zwaan

راج ہنس

wild zwijn

سؤر

hert

ہرن

eland

امریکی بارہ سنگھا

stuwdam

ڈیم

windmolen

ہوا سےچلنےوالی ٹربائین

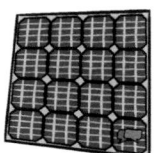

zonnepaneel

سولرپینل

klimaat

آب وہوا

ober
ویٹر
menu
مینیو
stoel
کُرسی
soep
سوپ
pizza
پیزا
bestek
کٹلری
tafelkleed
ٹیبل کلاتھ

voorgerecht
اسٹارٹر

hoofdgerecht
مین کورس

toetje
ڈیزرٹ

dranken
مشروبات

eten
کھانے کی اشیاء

fles
بوتل

fastfood

فاسٹ فوڈ

eetkraampje

اسٹریٹ فوڈ

theepot

چائےدانی

suikerpot

شوگرباکس

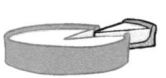

portie

حصہ

espressomachine

ایسپریسو مشین

kinderstoel

اونچی کُرسی

rekening

بل

dienblad

ٹرے

mes

چھُری

vork

کانٹا

lepel

چمچ

theelepel

چائےکا چمچ

servet

سرویئیٹی

glas

شیشہ

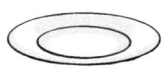

bord

پلیٹ

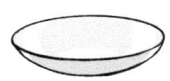

soepbord

سوپ پلیٹ

schotel

طشتری

saus

چٹنی

zoutvaatje

سالٹ شیکر

pepermolen

پیپرمل

azijn

سرکہ

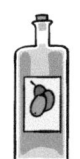

olie

خوردنی تیل

kruiden

مصالحے

ketchup

کیچپ

mosterd

سرسوں

mayonaise

میئونیز

supermarkt

سُپرمارکیٹ

aanbieding
خصوصی پیشکش
FOR
klant
گاہک
zuivelproducten
ڈیری
fruit
پھل
winkelwagen
ٹرالی

slager

گوشت کی دُکان

bakkerij

بیکری

wegen

وزن کرنا

groente

سبزیاں

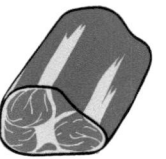

vlees

گوشت

diepvriesproducten

جما ہوا کھانا

vleeswaren

کولڈ کٹس

conserven

ڈبے میں بند کھانا

wasmiddel

واشنگ پاؤڈر

snoepgoed

مٹھائیاں

huishoudelijke artikelen

گھریلو مصنوعات

schoonmaakmiddel

صاف کرنے کیلئے مصنوعات

verkoopster

سیلز پرسن

kassa

کیش رجسٹر

kassier

کیشئیر

boodschappenlijstje

خریداری کی فہرست

openingstijden

اوقات کار

portefeuille

بٹوہ

creditkaart

کریڈٹ کارڈ

tas

تھیلا

plastic zak

پلاسٹک کے تھیلے

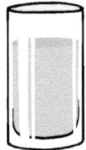

dranken

مشروبات

water

....

پانی

sap

....

جوس، رس

melk

....

دودھ

cola

....

کوک

wijn

....

وائن

bier

....

بیئر

alcohol

....

الکوحل

chocolademelk

....

کوکوآ

thee

....

چائے

koffie

....

کافی

espresso

....

ایسپریسو

cappuccino

....

کیپاچینو

banaan

کیلا

appel

سیب

sinaasappel

مالٹا

watermeloen

خربوزہ

citroen

لیموں

wortel

گاجر

knoflook

لہسن

bamboe

بانس

ui

پیاز

paddenstoel

کھُمبی

noten

اخروٹ، بادام وغیرہ

pasta

نوڈلز

spaghetti

اسپیگیٹی

rijst

چاول

salade

سلاد

friet

چپس

gebakken aardappelen

تلے گئے آلو

pizza

پیزا

hamburger

ہیم برگر

sandwich

سینڈوچ

schnitzel

کٹلیٹ

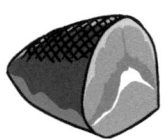

ham

سؤرکی ران کا گوشت

salami

گوشت کی اطالوی ساسیج

worst

ساسیج

kip

مُرغی

gebraad

روسٹ

vis

مچھلی

havermout

جئی کا دلیہ

muesli

میوزلی

cornflakes

کارن فلیکس

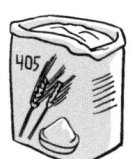

meel

آٹا

croissant

کروئیسنٹ

broodjes

بریڈ رول

brood

بریڈ

toast

ٹوسٹ

koekjes

بسکٹ

boter

مکھن

kwark

دہی

taart

کیک

ei

انڈا

gebakken ei

فرائی کیا گیا انڈہ

kaas

پنیر

ijs

آئس کریم

suiker

چینی

honing

شہد

jam

جام

chocoladepasta

ناؤگٹ کریم

kerrie

سالن

boerderij

کھیت

فارم ہاؤس
schuur
کھلیان
hooibaal
تنکوں کی گانٹھ
veld
paard
گھوڑا
aanhangwagen
ٹریلر
tractor
ٹریکٹر
veulen
گھوڑے کا بچہ
ezel
گدھا
schaap
بھیڑ
lam
میمنہ

geit

بکری

koe

گائے

kalf

بچھڑا

varken

سؤر

big

سؤر کا بچہ

stier

سانڈ

gans

راج ہنس

eend

بطخ

kuiken

چوزہ

kip

مُرغی

haan

مُرغا

rat

چوہا

kat

بلی

muis

چوہا

os

بیلچہ

hond

کُتا

hondenhok

کُتے کا گھر

tuinslang

گارڈن ہاؤس

gieter

پانی کا کین

zeis

درانتی

ploeg

ہل

sikkel

درانتی

schoffel

بیلچہ

hooivork

ترنگل

bijl

کلہاڑا

kruiwagen

ہتھ گاڑی

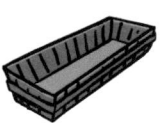

trog

حوض

melkbus

دودھ کا کین

zak

تھیلا

hek

باڑ

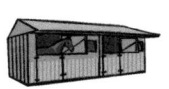

stal

اصطبل

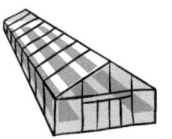

broeikas

گرین ہاؤس

grond

مٹی

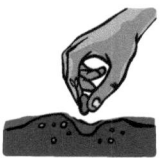

zaad

بیج

mest

فرٹیلائیزر

maaidorser

کمبائن ہارویسٹر

oogsten

فصل کاٹنا

oogst

فصل کاٹنا

yam

افریقی آلو

tarwe

گندم

soja

سویا

aardappel

آلو

maïs

مکئی

koolzaad

توریا کا تیل

fruitboom

پھلداردرخت

maniok

کساوا

granen

دلیہ

huis
مکان

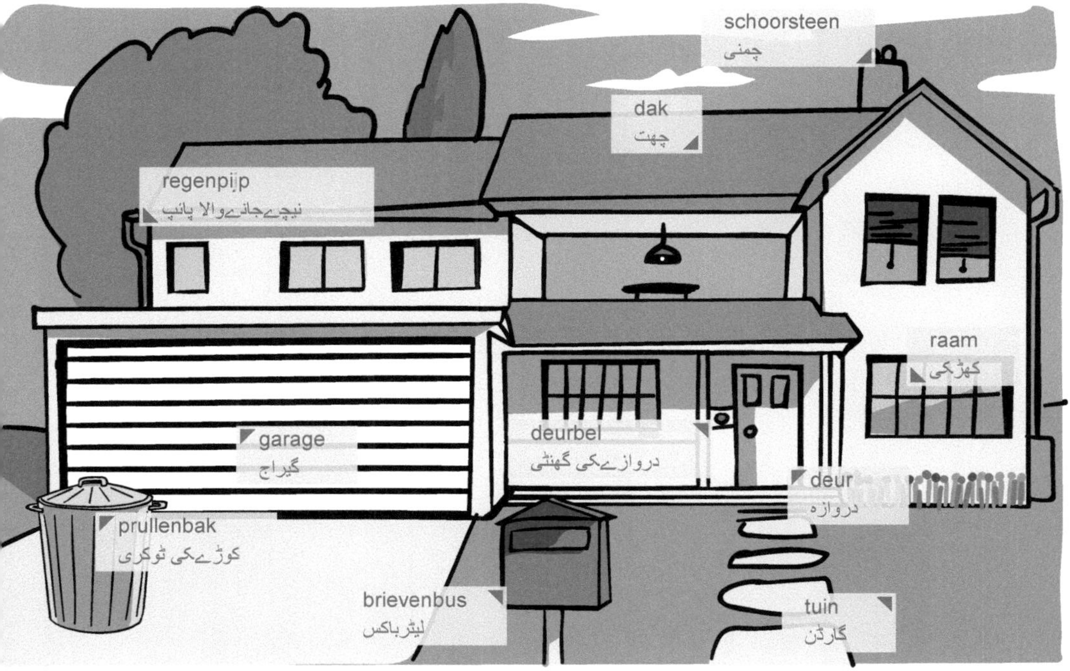

schoorsteen
چمنی
dak
چھت
regenpijp
نیچے جانے والا پائپ
raam
کھڑکی
garage
گیراج
deurbel
دروازے کی گھنٹی
deur
دروازہ
prullenbak
کوڑے کی ٹوکری
brievenbus
لیٹرباکس
tuin
گارڈن

woonkamer

لوونگ روم

badkamer

غُسل خانہ

keuken

باورچی خانہ

slaapkamer

بیڈروم

kinderkamer

بچوں کا کمرہ

eetkamer

کھانے کا کمرہ

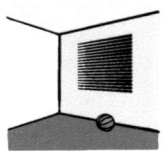

vloer
....
فرش

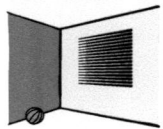

muur
....
دیوار

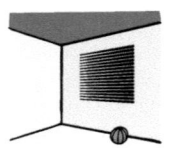

plafond
....
چھت

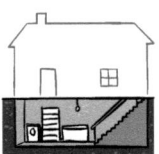

kelder
....
تہ خانہ

sauna
....
سوانا

balkon
....
بالکونی

terras
....
ٹیریس

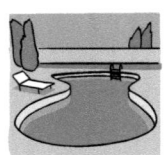

zwembad
....
پول

grasmaaier
....
گھاس کاٹنےکی مشین

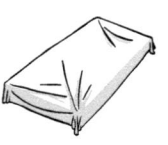

laken
....
چادر

bedsprei
....
چادر

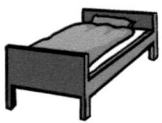

bed
....
بستر

bezem
....
جھاڑو

emmer
....
بالٹی

schakelaar
....
سوئچ

woonkamer
لوونگ روم

behang
وال پیپر
foto
تصویر
lamp
لیمپ
plank
شیلف
kast
الماری
televisie
ٹیلی ویژن
open haard
آتش دان
bloem
پھول
kussen
کُشن
bankstel
صوفہ
vaas
گلدان
afstandsbediening
ریموٹ کنٹرول

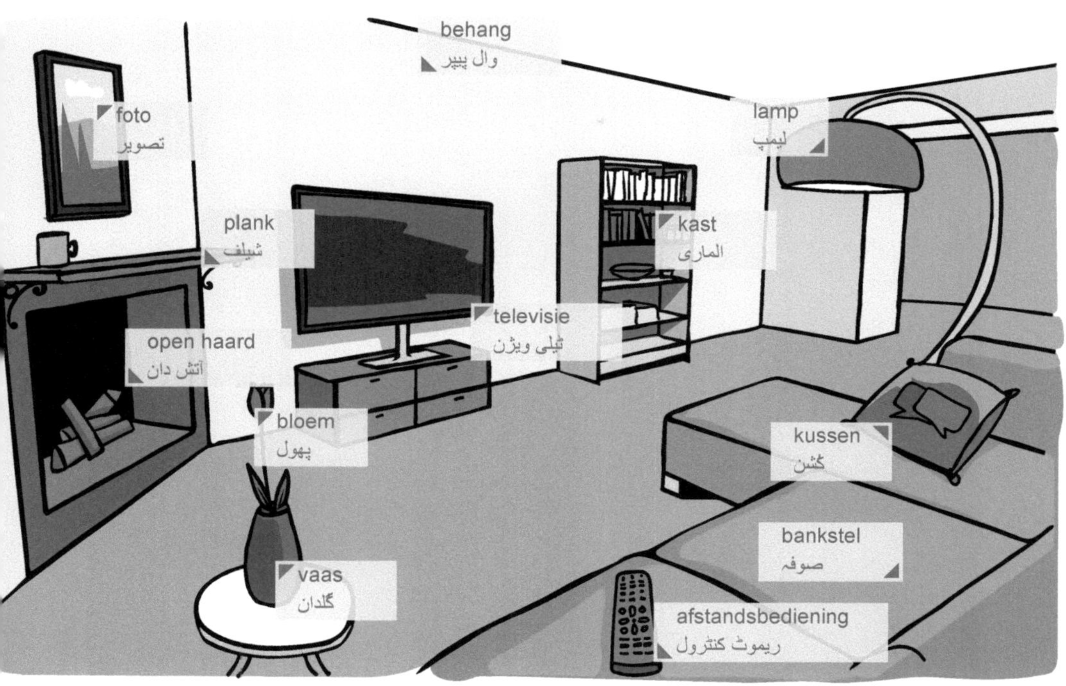

tapijt

قالین

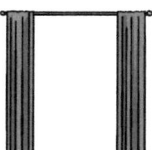

gordijn

پردے

tafel

میز

stoel

کُرسی

schommelstoel

ہلنےوالی کُرسی

stoel

آرام کُرسی

boek

کتاب

deken

کمبل

decoratie

آرائش

brandhout

جلانےکی لکڑی

film

فلم

stereo-installatie

ہائی فائی

sleutel

چابی

krant

اخبار

schilderij

پینٹنگ

poster

پوسٹر

radio

ریڈیو

kladblok

نوٹ بُک

stofzuiger

ویکیوم کلینر

cactus

کیکٹس

kaars

موم بتی

keuken
باورچی خانہ

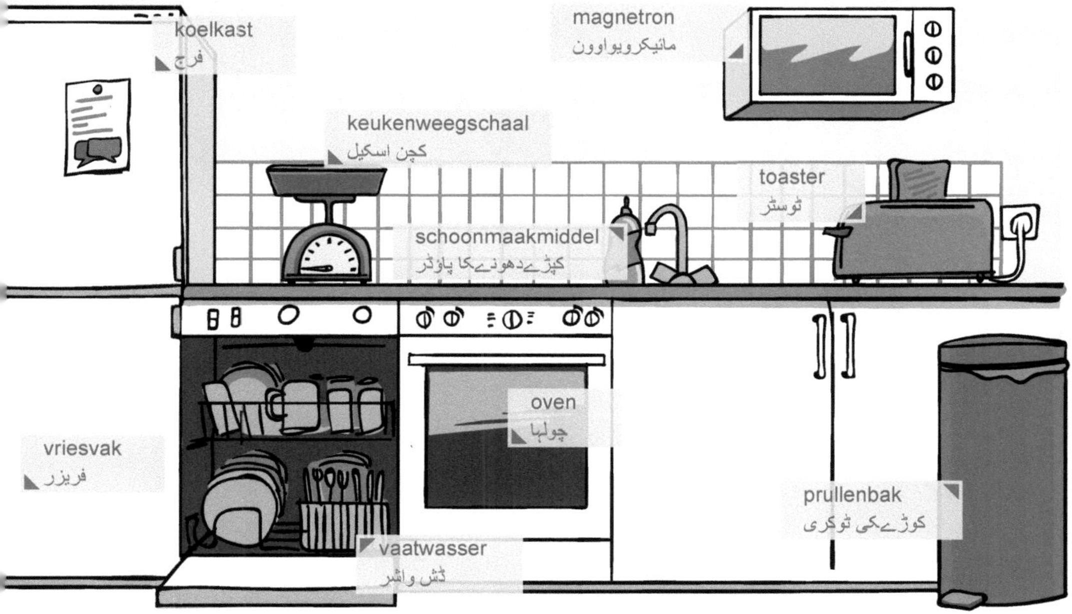

koelkast
فرج
magnetron
مائیکروویواوون
keukenweegschaal
کچن اسکیل
toaster
ٹوسٹر
schoonmaakmiddel
کپڑےدھونےکا پاؤڈر
oven
چولہا
vriesvak
فریزر
prullenbak
کوڑےکی ٹوکری
vaatwasser
ڈش واشر

fornuis

ککر

pan

برتن

gietijzeren pan

لوہےکا برتن

wok / kadai

کڑاہی

koekenpan

برتن

ketel

کیتلی

stoomkoker

استیمر

bakplaat

بیکنگ ٹرے

servies

کراکری

beker

مگ

kom

پیالہ

eetstokjes

چاپ اسٹکس

soeplepel

ڈوئی

spatel

کفچہ

garde

جھاڑودینا

vergiet

مقطر

zeef

چھلنی

rasp

گریٹر

vijzel

کونڈی

barbecue

باربی کیو

vuurhaard

کھُلی آگ

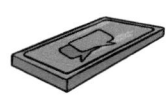

snijplank

چاپنگ بورڈ

deegroller

بیلن

kurkentrekker

کارک اسکریو

blik

کین

blikopener

کین اوپنر

pannenlap

برتن پکڑنےوالا کپڑا

wasbak

سنک

borstel

برش

spons

اسپونج

blender

بلینڈر

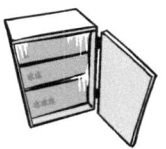

vriezer

ڈیپ فریز

babyflesje

بچےکی بوتل

kraan

ٹونٹی

badkamer

غسل خانہ

douche
شاور
verwarming
ہیٹنگ
handdoek
تولیہ
douchegordijn
شاورکرٹن
bubbelbad
ببل باتھ
bad
باتھ ٹب
glas
شیشہ
wasmachine
واشنگ مشین
kraan
ٹونٹی
tegels
ٹائلیں
potje
پاٹی
wasbak
سنک

toilet

ٹائلٹ

hurktoilet

دوزانوں بیٹھنے والی ٹائلٹ

bidet

نچلاحصہ دھونےکیلئےپاٹ

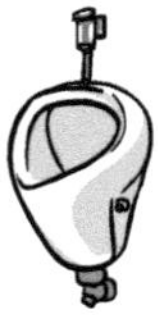

urinoir

پیشاب گاہ

toiletpapier

ٹائلٹ پیپر

toiletborstel

ٹائلٹ برش

tandenborstel
....
ٹوتھ برش

tandpasta
....
ٹوتھ پیسٹ

flosdraad
....
ڈینٹل فلاس

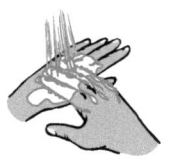

wassen
....
دھونا

handdouche
....
ہینڈ شاور

toiletdouche
....
شاور

waskom
....
بیسن

rugborstel
....
بیک برش

zeep
....
صابن

douchegel
....
شاورجل

shampoo
....
شیمپو

washanje
....
فلالین

afvoer
....
ڈرین

creme
....
کریم

deodorant
....
ڈیوڈورنٹ

spiegel

آئینہ

make-upspiegel

ہاتھ میں پکڑا جانےوالا آئینہ

scheermes

ریزر

scheerschuim

شیونگ فوم

aftershave

آفٹرشیو

kam

کنگھی

borstel

برش

haardroger

ہیئرڈرائر

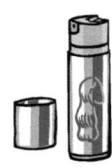

haarspray

ہیئراسپرے

make-up

میک اپ

lippenstift

لپ اسٹک

nagellak

نیل وارنش

watten

روئی

nagelschaartje

ناخن کاٹنےکی قینچی

parfum

پرفیوم

toilettas

واش بیگ

kruk

پاخانہ

weegschaal

وزن کرنے کی مشین

badjas

باتھ روب

rubber handschoenen

ربڑکے دستانے

tampon

ٹیمپون

maandverband

سینیٹری ٹاول

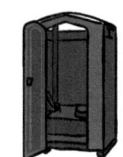

chemisch toilet

کیمیکل ٹائلٹ

kinderkamer

بچوں کا کمرہ

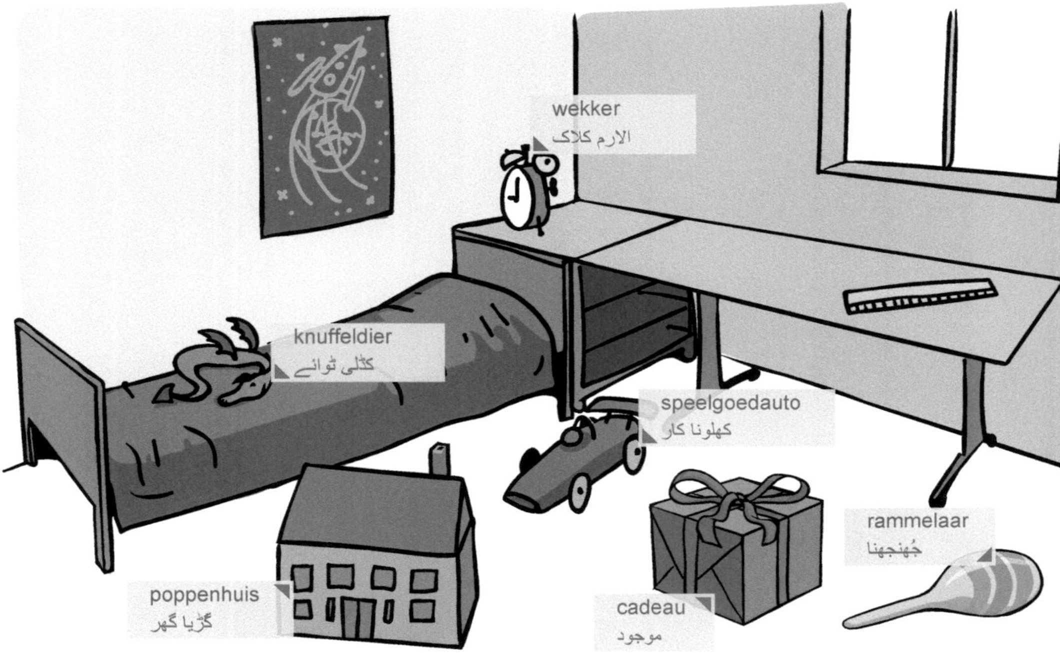

wekker
الارم کلاک
knuffeldier
کڈلی ٹوائے
speelgoedauto
کھلونا کار
rammelaar
جُھنجھنا
poppenhuis
گڑیا گھر
cadeau
موجود

ballon
غبارہ

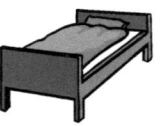

bed
بستر

kinderwagen
پرام

kaartspel
ڈیک آف کارڈز

puzzel
جگسا

stripverhaal
کامک

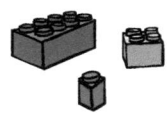

legostenen

لیگوبرکس

speelgoedblokken

کھلونا بلاکس

actiefiguurtje

ایکشن فگر

romper

بچےکا لباس

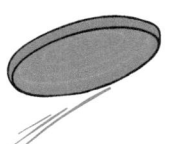

frisbee

فرسبی

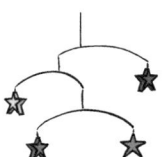

mobile

کھلونا موبائل

bordspel

بورڈ گیم

dobbelsteen

ڈائس

modeltrein

ماڈل ٹرین سیٹ

speen

ڈمی

feestje

پارٹی

prentenboek

تصاویروالی کتاب

bal

گیند

pop

گڑیا

spelen

کھیلنا

zandbak

سینڈ پٹ

schommel

جھولا جھولنا

speelgoed

کھلونے

spelcomputer

وڈیوگیم کنسول

driewieler

تین پہیوں والی سائیکل

teddybeer

ٹیڈی بیئر

kleerkast

کپڑوں کی الماری

kleding

لباس

sokken

موزے

kousen

اسٹاکنگز

panty

ٹائٹس

sjaal
اسکارف
paraplu
چھتری
riem
بیلٹ
T-shirt
ٹی شرٹ
laarzen
بوٹ
pantoffels
سلیپر
sportschoenen
اسنیکرز

sandalen

سینڈل

schoenen

جوتے

rubberlaarzen

ربڑکےبوٹس

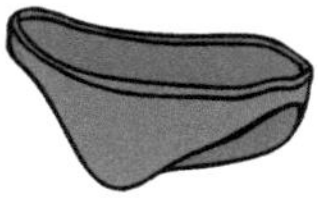

onderbroek

زیرجامہ

beha

بریزئیر

onderhemd

واسکٹ

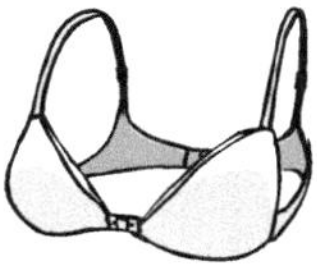

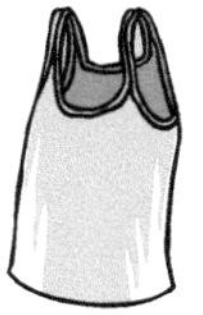

body

جسم

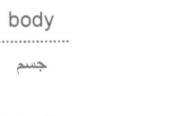

broek

پتلون

spijkerbroek

جینز

rok

اسکرٹ

blouse

بلاؤز

overhemd

قمیض

trui

پُل اوور

hoody

سویٹر

blazer

بلیزر

jas

جیکٹ

mantel

کوٹ

regenjas

رین کوٹ

kostuum

کوئی خاص لباس

jurk

لباس

trouwjurk

شادی کا لباس

pak

سوٹ

nachthemd

نائٹ گاؤن

pyjama

پائجامہ

sari

ساڑھی

hoofddoek

سرپرلیا جانےوالا اسکارف

tulband

پگڑی

boerka

بُرقع

kaftan

کفتان

abaja

عبایہ

zwempak

تیراکی کا سوٹ

zwembroek

ٹرنک

korte broek

نیکر

trainingspak

ٹریک سوٹ

schort

اپرن

handschoenen

دستانے

knoop

بٹن

bril

عینک

armband

کنگن

ketting

ہار

ring

انگوٹھی

oorbel

کانوں کی بالیاں

pet

ٹوپی

kledinghanger

کوٹ ہینگر

hoed

ہیٹ

stropdas

ٹائی

rits

زپ

helm

ہیلمٹ

bretels

بریسز

schooluniform

سکول یونیفارم

uniform

وردی

slabbetje

بب

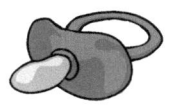

speen

ڈمی

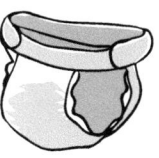

luier

نیپی

kantoor

دفتر

server
سرور
archiefkast
فائلوں کی الماری
printer
پرنٹر
papier
کاغذ
beeldscherm
مانیٹر
muis
ماؤس
bureau
میز
map
فولڈر
toetsenbord
کی بورڈ
prullenmand
ویسٹ پیپرباسکٹ
computer
کمپیوٹر
stoel
کرسی

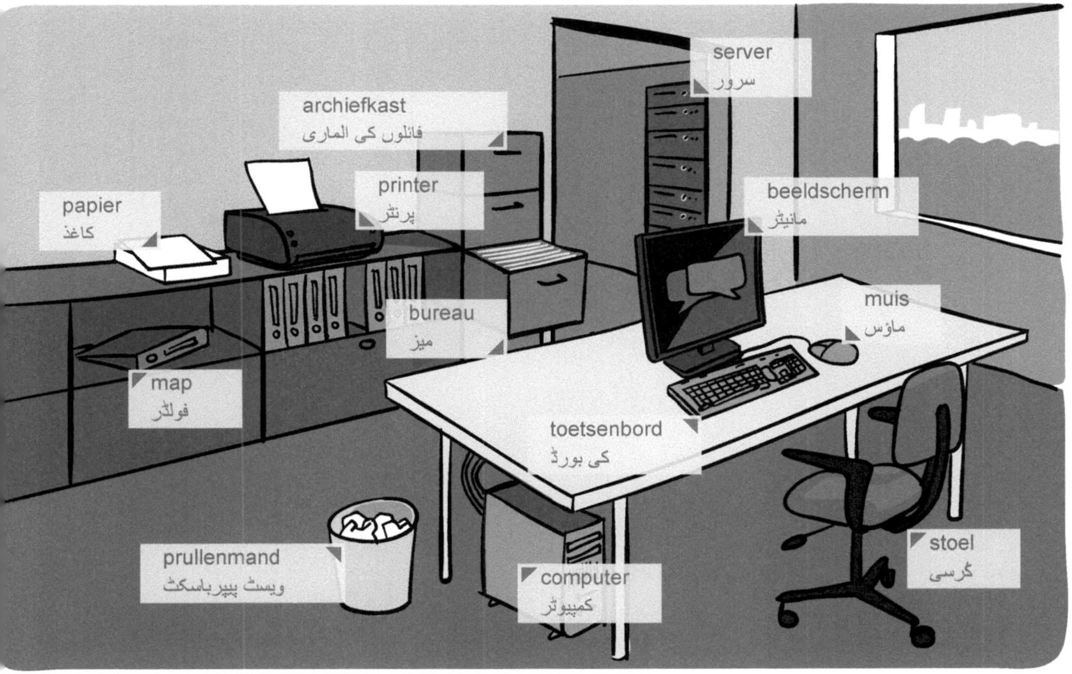

koffiemok

کافی مگ

rekenmachine

کیلکولیٹر

internet

انٹرنیٹ

laptop

لیپ ٹاپ

brief

خط

bericht

پیغام

mobiele telefoon

موبائل

netwerk

نیٹ ورک

kopieermachine

فوٹوکاپئیر

software

سافٹ ویئر

telefoon

ٹیلی فون

stopcontact

پلگ ساکٹ

fax

فیکس مشین

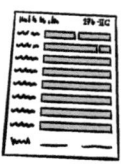

formulier

فارم

document

دستاویز

kopen

خریدنا

betalen

ادائیگی کرنا

handel drijven

تجارت کرنا

geld

رقم

dollar

ڈالر

euro

یورو

yen

ین

roebel

روبل

Zwitserse frank

سوئس فرانک

renminbi yuan

رینمنیبی یوآن

roepie

روپیہ

geldautomaat

کیش پوائنٹ

wisselkantoor

رقم تبدیل کرانے کیلئے دفتر

goud

سونا

zilver

چاندی

olie

خام تیل

energie

توانائی

prijs

قیمت

contract

معاہدہ

belasting

ٹیکس

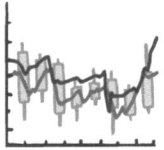

aandeel

اسٹاک

werken

کام کرنا

werknemer

ملازم

werkgever

آجر

fabriek

فیکٹری

winkel

دکان

politieagent
پولیس افسر

brandweerman
فائرمین

kok
خانساماں، گگ

dokter
ڈاکٹر

piloot
پائلٹ

tuinman

مالی

timmerman

ترکھان

naaister

درزن

rechter

جج

scheikundige

کیمسٹ

toneelspeler

اداکار

buschauffeur
....
بس ڈرائیور

taxichauffeur
....
ٹیکسی ڈرائیور

visser
....
مچھیرا

schoonmaakster
....
صفائی کرنے والی عورت

dakdekker
....
چھت بنانے والا

ober
....
ویٹر

jager
....
شکاری

schilder
....
پینٹر

bakker
....
بیکر

elektricien
....
الیکٹریشین

bouwvakker
....
بلڈر

ingenieur
....
انجینئیر

slager
....
قصائی

loodgieter
....
پلمبر

postbode
....
ڈاکیا

soldaat

سپاہی

architect

آرکیٹیکٹ

kassier

کیشئیر

bloemist

پھول بیچنےوالا

kapper

نائی

conducteur

کنڈکٹر

monteur

مکینک

kapitein

کپتان

tandarts

ڈینٹسٹ

wetenschapper

سائنسدان

rabbi

یہودی عالم

imam

امام

monnik

راہب

pastoor

پادری

gereedschap
اوزار

hamer
tang
پلائرز
schroevendraaier
پیچ کس
moersleutel
zaklamp
ٹارچ

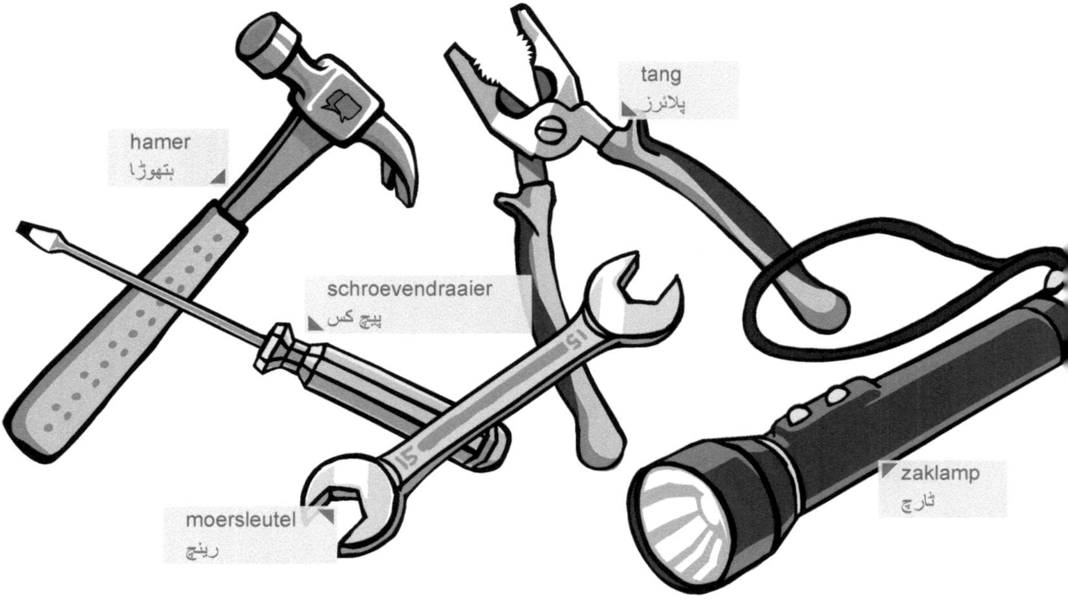

graafmachine
ایکسکویٹر

gereedschapskist
ٹول باکس

ladder
سیڑھی

zaag
آری

spijkers
کیل

boor
ڈرل

repareren

مرمت کرنا

schep

بیلچہ

Verdorie!

لعنت ہو!

stofblik

ڈسٹ پین

verfpot

پینٹ پاٹ

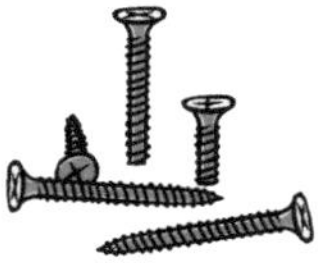

schroeven

پیچ

muziekinstrumenten

آلات موسیقی

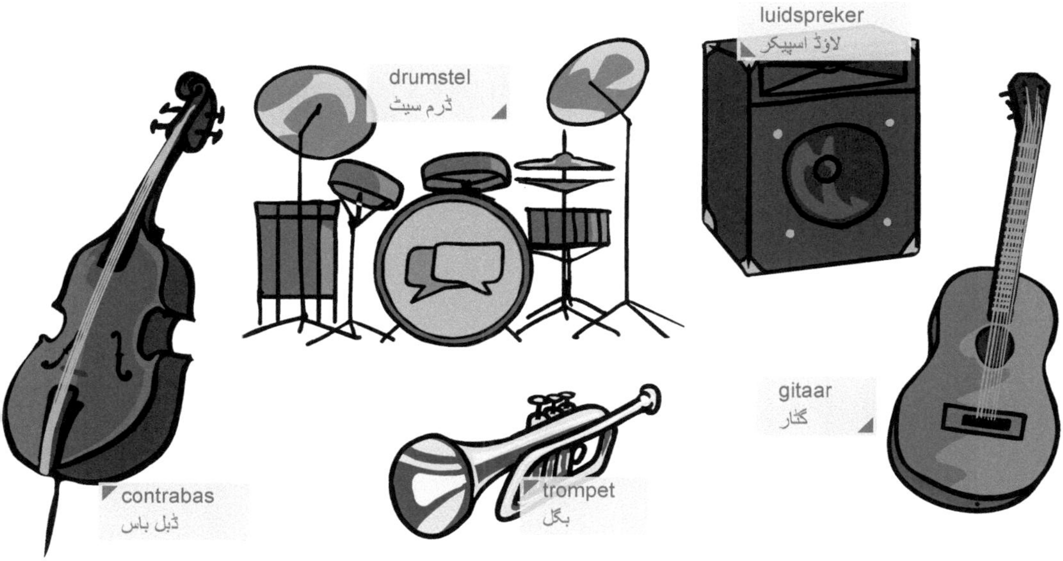

luidspreker

لاؤڈ اسپیکر

drumstel

ڈرم سیٹ

contrabas

ڈبل باس

trompet

بگل

gitaar

گٹار

piano

پیانو

viool

وائلن

bas

موسیقی کی آواز

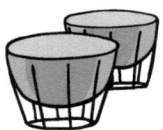

pauk

ٹمپانی

trommel

ڈھول، ڈرمز

keyboard

کی بورڈ

saxofoon

سیکسوفون

fluit

بانسری

microfoon

مائیکروفون

tijger
چیتا

ingang
داخلے کا راستہ

kooi
پنجرہ

zebra
زیبرا

dierenvoer
جانوروں کا چارہ

panda
پانڈا

dieren

جانور

olifant

ہاتھی

kangoeroe

کینگرو

neushoorn

گینڈا

gorilla

گوریلا

beer

ریچھ

kameel

اونٹ

struisvogel

شُتُرمُرغ

leeuw

شیر

aap

بندر

flamingo

فلیمنگو

papegaai

طوطا

ijsbeer

قطبی ریچھ

pinguïn

کبوتر

haai

شارک

pauw

مور

slang

سانپ

krokodil

مگرمچھ

dierenverzorger

چڑیا گھر کا محافظ

zeehond

سیل

jaguar

امریکی تیندوا

pony

ٹٹو

luipaard

چیتا

nijlpaard

دریائی گھوڑا

giraffe

زرافہ

adelaar

عقاب

wild zwijn

سؤر

vis

مچھلی

schildpad

کچھوا

walrus

سمندری گھوڑا

vos

لومڑی

gazelle

غزال ہرن

sport
کھیلیں

American football
امریکن فٹ بال
wielrennen
سائیکلنگ
tennis
ٹینس
basketbal
باسکٹ بال
zwemmen
پیراکی
boksen
باکسنگ
ijshockey
آئس ہاکی

voetbal
فٹ بال

badminton
بیڈمنٹن

atletiek
اتھلیٹکس

handbal
ہینڈ بال

skiën
اسکیئنگ

polo
پولو

springen
چھلانگ لگانا

lachen
ہنسنا

knuffelen
گلے لگانا

lopen
چلنا

zingen
گانا

dromen
خواب دیکھنا

bidden
دُعا کرنا

kussen
چُومنا

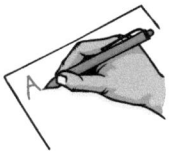

schrijven
لکھنا

tekenen
تصویر کشی کرنا

tonen
دکھانا

duwen
آگےکی طرف دھکیلنا

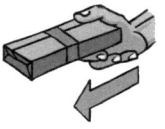

geven
دینا

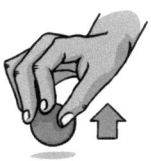

oppakken
لینا

hebben

رکھنا

doen

کرنا

zijn

ہونا

staan

کھڑا ہونا

rennen

دوڑنا

trekken

کھینچنا

gooien

پھینکنا

vallen

گرنا

liggen

جھوٹ بولنا

wachten

انتظارکرنا

dragen

اُٹھانا

zitten

بیٹھنا

aankleden

ملبوس ہونا

slapen

سونا

wakker worden

جاگنا

bekijken

....

دیکھنا

huilen

....

رونا

strelen

....

چوٹ لگانا

kammen

....

کنگھی کرنا

praten

....

بات کرنا

begrijpen

....

سمجھنا

vragen

....

پوچھنا

horen

....

مُتوجہ ہونا

drinken

....

پینا

eten

....

کھانا

opruimen

....

صاف کرنا

houden van

....

پیارکرنا

koken

....

پکانا

rijden

....

گاڑی چلانا

vliegen

....

اُڑنا

zeilen

بحری سفرکرنا

rekenen

شمارکریں

lezen

پڑھنا

leren

سیکھنا

werken

کام کرنا

trouwen

شادی کرنا

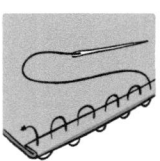

naaien

سینا

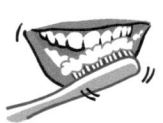

tandenpoetsen

دانت صاف کرنا

doden

جان سے ماردینا

roken

تمباکونوشی کرنا

verzenden

بھیجنا

grootmoeder
دادی
grootvader
دادا
vader
باپ
moeder
ماں
baby
طفل
dochter
بیٹی
zoon
بیٹا

gast
مہمان

tante
چچی

oom
چچا

broer
بھائی

zus
بہن

lichaam

جسم

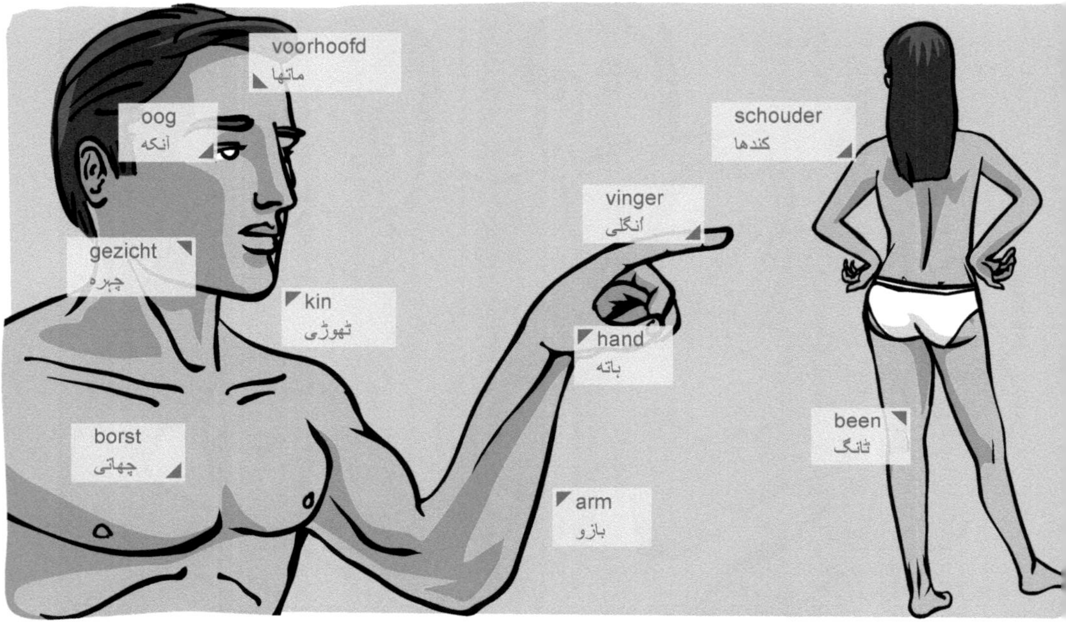

voorhoofd
ماتھا
oog
آنکھ
schouder
کندھا
vinger
انگلی
gezicht
چہرہ
kin
ٹھوڑی
hand
ہاتھ
borst
چھاتی
been
ٹانگ
arm
بازو

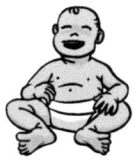

baby

طفل

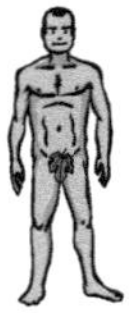

man

آدمی

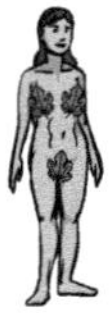

vrouw

عورت

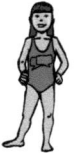

meisje

لڑکی

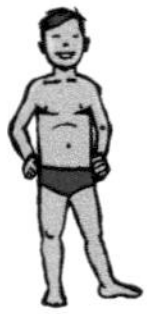

jongen

لڑکا

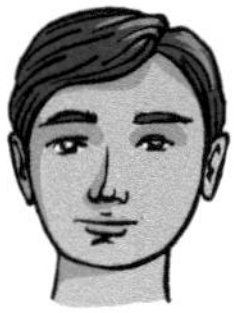

hoofd

سر

rug

كمر

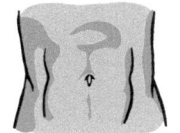

buik

پیٹ

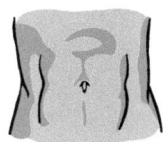

navel

ناف

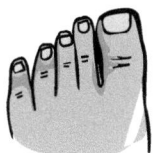

teen

پاؤں کا انگوٹھا

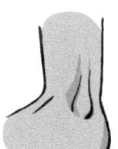

hiel

ایڑھی

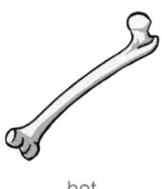

bot

ہڈی

heup

كولہا

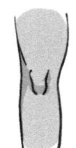

knie

گھٹنا

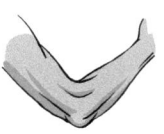

elleboog

کہنی

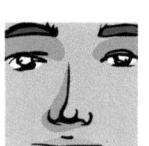

neus

ناک

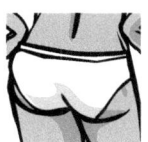

achterwerk

نچلا حصہ

huid

جلد

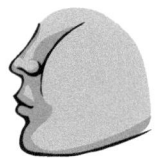

wang

گال

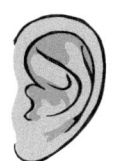

oor

كان

lippen

ہونٹ

lichaam - جسم   69

mond

....

مُنہ

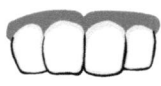

tand

....

دانت

tong

....

زُبان

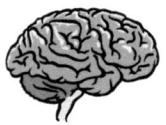

hersenen

....

دماغ

hart

....

دل

spier

....

پٹھہ

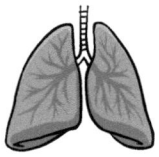

long

....

پھیپھڑا

lever

....

جگر

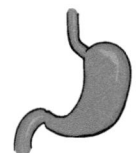

maag

....

معدہ

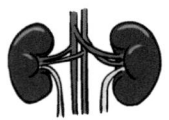

nieren

....

گردے

geslachtsgemeenschap

....

جنس

condoom

....

کنڈوم

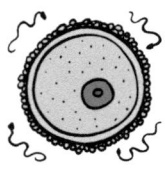

eicel

....

بیضہ

sperma

....

مادہ منویہ

zwangerschap

....

حمل

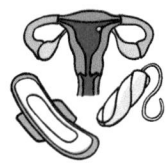

menstruatie

حیض

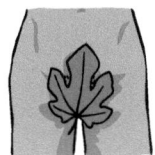

vagina

اندام نہانی

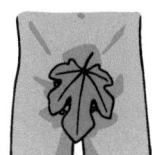

penis

عضو تناسل

wenkbrauw

بھنویں

haar

بال

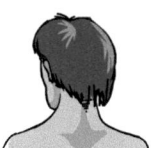

hals

گردن

ziekenhuis

ہسپتال

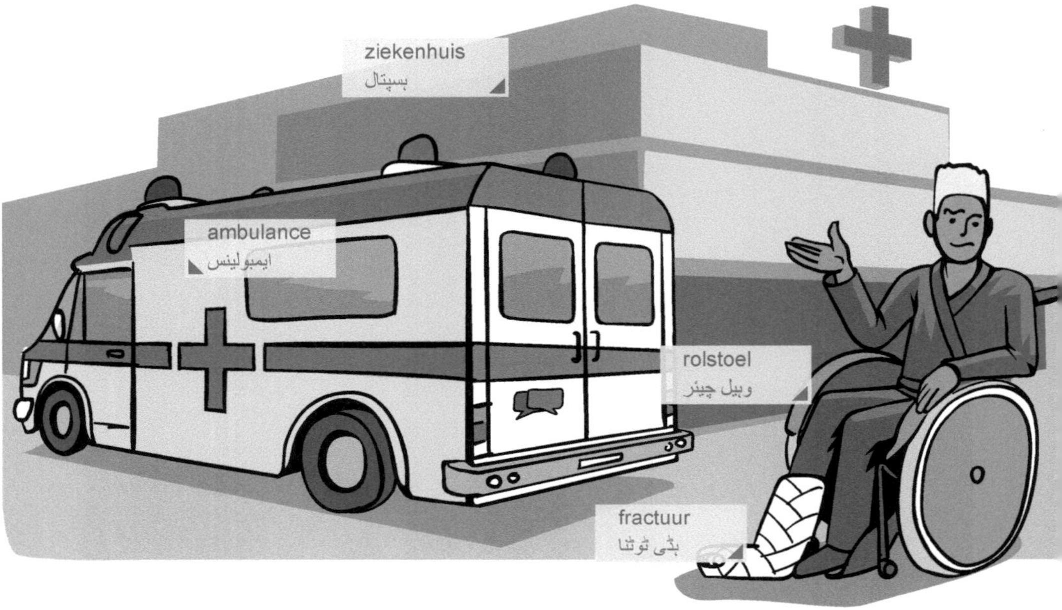

ambulance
ایمبولینس
rolstoel
وہیل چیئر
fractuur
ہڈی ٹوٹنا

dokter

ڈاکٹر

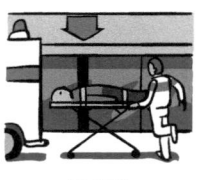

EHBO

ہنگامی کمرہ

verpleegster

نرس

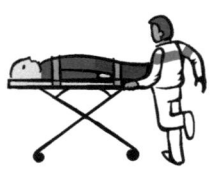

noodgeval

ہنگامی صورتحال

bewusteloos

بےہوش

pijn

درد

verwonding

زخم

bloeding

خون بہنا

hartaanval

دل کا دورہ

beroerte

فالج

allergie

الرجی

hoest

کھانسی

koorts

بخار

griep

زکام

diarree

اسہال

hoofdpijn

سردرد

kanker

کینسر

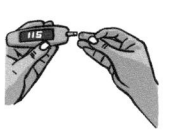

diabetes

ذیابیطس

chirurg

سرجن

scalpel

نشتر

operatie

آپریشن

CT

سی ٹی

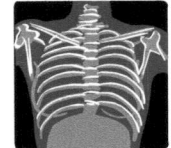

röntgen

ایکس رے

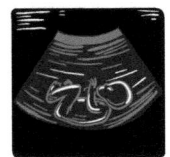

echografie

الٹراساؤنڈ

gezichtsmasker

چہرے کا نقاب

ziekte

بیماری

wachtkamer

انتظار گاہ

kruk

بیساکھی

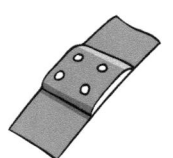

pleister

پلاسٹر

verband

پٹی

injectie

انجکشن

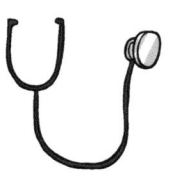

stethoscoop

اسٹیتھواسکوپ

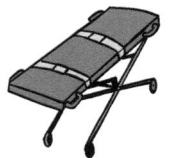

brancard

اسٹریچر

thermometer

مطبی تھرما میٹر

geboorte

پیدائش

overgewicht

حد سے زیادہ وزن

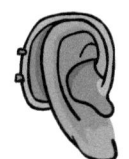

gehoorapparaat

آلہ سماعت

ontsmettingsmiddel

جراثیم کش

infectie

انفیکشن

virus

وائرس

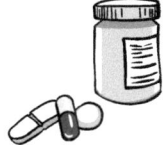

HIV / AIDS

ایچ آئی وی/ ایڈز

medicijn

دوا

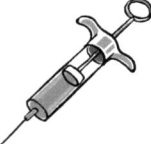

inenting

ویکسی نیشن

tabletten

گولیاں

pil

گولی

alarmnummer

ہنگامی کال

bloeddrukmeter

بلڈ پریشرمانیٹر

ziek / gezond

بیمار/ صحتمند

noodgeval
هنگامی صورتحال

Help!
مدد!

alarm
الارم

overval
مُجرمانہ حملہ

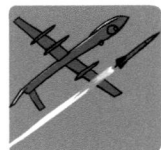

aanval
حملہ

gevaar
خطرہ

nooduitgang
ہنگامی راستہ

Brand!
آگ!

brandblusser
آگ بُجھانےوالا آلہ

ongeluk
حادثہ

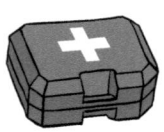

EHBO-koffer
ابتدائی طبی امداد کی کٹ

SOS
ایس او ایس

politie
پولیس

Europa
....
يورپ

Noord-Amerika
....
شمالی امریکه

Zuid-Amerika
....
جنوبی امریکه

Afrika
....
افریقه

Azië
....
ایشیا

Australië
....
آسټرلیا

Atlantische Oceaan
....
بحراوقیانوس

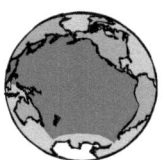

Stille Oceaan
....
بحرالکاهل

Indische Oceaan
....
بحرهند

Zuidelijke Oceaan
....
بحرقُطب جنوبی

Noordelijke IJszee
....
بحرقُطب شمالی

Noordpool
....
قُطب شمالی

Zuidpool

قُطب جنوبی

Antarctica

انٹارکٹیکا

aarde

زمین

land

زمین

zee

سمندر

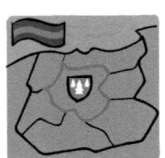

eiland

جزیرہ

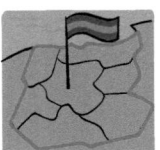

natie

قوم

staat

ریاست

klok
کلاک

wijzerplaat
....
کلاک کا سامنے کا حصہ

uurwijzer
....
گھنٹوں والی سوئی

minutenwijzer
....
منٹوں والی سوئی

secondewijzer
....
سیکنڈ ہینڈ

Hoe laat is het?
....
کیا وقت ہوا ہے؟

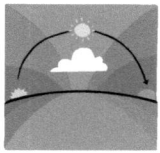

dag
....
دن

tijd
....
وقت

nu
....
اب

digitaal horloge
....
ڈیجیٹل گھڑی

minuut
....
منٹ

uur
....
گھنٹہ

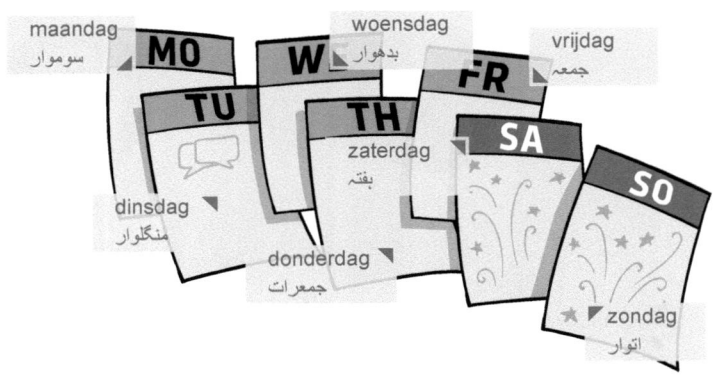

maandag
سوموار

woensdag
بدھوار

vrijdag
جمعہ

dinsdag
منگلوار

zaterdag
بفتہ

donderdag
جمعرات

zondag
اتوار

gisteren

گزرا کل

vandaag

آج

morgen

کل

ochtend

صبح

middag

دوپہر

avond

شام

MO	TU	WE	TH	FR	SA	SU
1	2	3	4	5	6	7
8	9	10	11	12	13	14
15	16	17	18	19	20	21
22	23	24	25	26	27	28
29	30	31	1	2	3	4

werkdagen

کاروباری دن

MO	TU	WE	TH	FR	SA	SU
1	2	3	4	5	6	7
8	9	10	11	12	13	14
15	16	17	18	19	20	21
22	23	24	25	26	27	28
29	30	31	1	2	3	4

weekend

بفتےکا اختتام

regen
بارش
regenboog
قوس قزح
wind
sneeuw
برف
voorjaar
بہار
zomer
موسم گرما
herfst
winter
موسم سرما

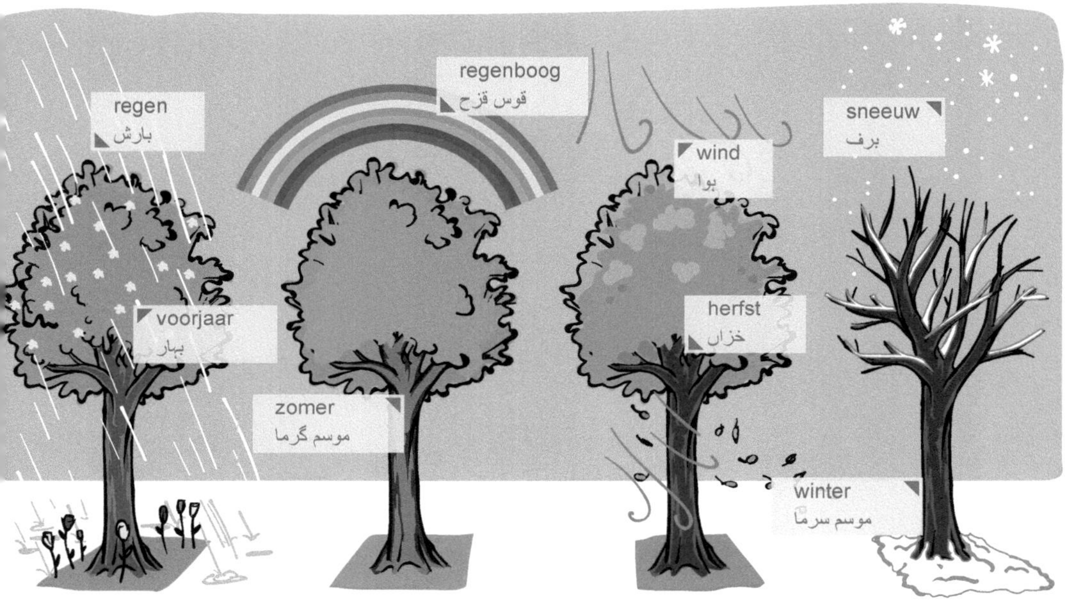

weerbericht

موسمی پیش گوئی

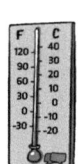

F

thermometer

تھرما میٹر

zonneschijn

دھوپ

wolk

بادل

mist

دُھند

luchtvochtigheid

حبس

bliksem

بجلی کوندھنا

donder

بادلوں کی گرج

storm

طوفان

hagel

ژالہ باری

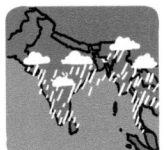

moesson

مون سون

overstroming

سیلاب

ijs

برف

januari

جنوری

februari

فروری

maart

مارچ

april

اپریل

mei

مئی

juni

جون

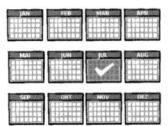

juli

جولائی

augustus

اگست

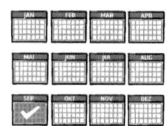

september

ستمبر

oktober

اکتوبر

november

نومبر

december

دسمبر

vormen

اشکال

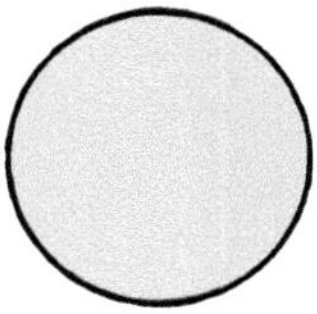

cirkel

دائره

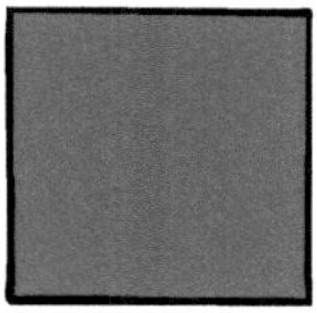

vierkant

چوکور

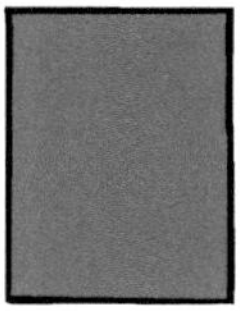

rechthoek

مُستطیل

driehoek

تکون

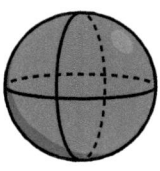

bol

گره

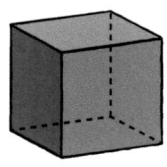

kubus

مکعب

kleuren
رنگ

wit

سفید

geel

پیلا

oranje

نارنجی

roze

گلابی

rood

سُرخ

paars

جامنی

blauw

نیلا

groen

سبز

bruin

بھورا

grijs

مٹیالا

zwart

سیاہ

veel / weinig

بہت زیادہ / بہت کم

boos / rustig

ناراض / پُرسکون

mooi / lelijk

خوبصورت / بدصورت

begin / einde

آغاز / اختتام

groot / klein

بڑا / چھوٹا

licht / donker

روشن / اندھیرا

broer / zus

بھائی / بہن

schoon / vies

صاف / گندا

volledig / onvolledig

مکمل / نامکمل

dag/ nacht

دن / رات

dood / levend

زندہ / مُردہ

breed / smal

چوڑا / تنگ

eetbaar / oneetbaar

کھانےکےقابل ہونا / کھانےکےقابل نہ
ہونا

gemeen / aardig

بُرا / اچھا

opgewonden / verveeld

پُرجوش / بوریت کا شکار

dik / dun

موٹا / دُبلا

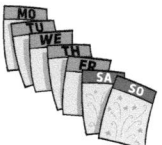

eerste / laatste

پہلا / آخری

vriend / vijand

دوست / دُشمن

vol / leeg

بھرا ہوا / خالی

hard / zacht

سخت / نرم

zwaar / licht

بوجھل / ہلکا

honger / dorst

بھوک / پیاس

ziek / gezond

بیمار / صحتمند

illegaal / legaal

غیرقانونی / قانونی

intelligent / dom

عقلمند / بیوقوف

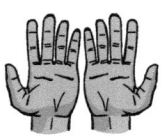

links / rechts

بائیں / دائیں

dichtbij / ver

نزدیک / دور

nieuw / gebruikt

نیا / پُرانا

niets / iets

کچھ نہیں / کچھ ہے

oud / jong

بوڑھا / نوجوان

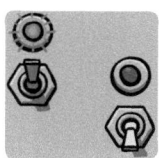

aan / uit

آن / آف

open / gesloten

کُھلا / بند

zacht / luid

خاموش / بُلند آواز

rijk / arm

امیر / غریب

goed / fout

ٹھیک / غلط

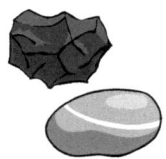

ruw / glad

کھُردرا / ہموار

verdrietig / gelukkig

افسردہ / خوش

kort / lang

مُختصر / طویل

langzaam / snel

آہستہ / تیز

nat / droog

گیلا / خُشک

warm / koel

گرم / ٹھنڈا

oorlog / vrede

جنگ / امن

getallen

اعداد

0	1	2
nul	één	twee
صفر	ایک	دو
3	4	5
drie	vier	vijf
تین	چار	پانچ
6	7	8
zes	zeven	acht
چه	سات	آٹه
9	10	11
negen	tien	elf
نو	دس	گیاره

12	13	14
twaalf	dertien	veertien
باره	تیره	چوده
15	16	17
vijftien	zestien	zeventien
پندره	سولہ	ستره
18	19	20
achttien	negentien	twintig
اٹھاره	أنیس	بیس
100	1.000	1.000.000
honderd	duizend	miljoen
سو	ہزار	دس لاکه

talen
زبانیں

Engels
....
انگریزی

Amerikaans Engels
....
امریکی انگریزی

Chinees Mandarijn
....
چینی مینڈارین

Hindi
....
ہندی

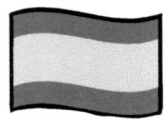

Spaans
....
ہسپانوی

Frans
....
فرانسیسی

Arabisch
....
عربی

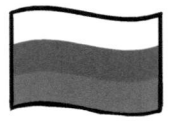

Russisch
....
روسی

Portugees
....
پُرتگالی

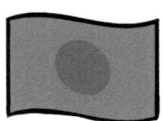

Bengalees
....
بنگالی

Duits
....
جرمن

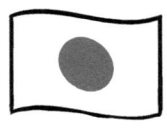

Japans
....
جاپانی

wie / wat / hoe

کون / کیا / کیسے

ik

میں

jij

تم

hij / zij / het

وہ (لڑکا) / وہ (لڑکی) / یہ

wij

ہم

jullie

تم

zij

وہ

wie?

کون؟

wat?

کیا؟

hoe?

کیسے؟

waar?

کہاں؟

wanneer?

کب؟

naam

نام

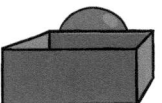

waar

کہاں

achter

پیچھے

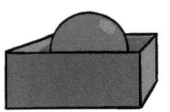

in

میں

voor

کے سامنے

boven

اوپر

op

پر

onder

نیچے

naast

ساتھ

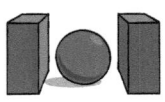

tussen

درمیان

plaats

جگہ